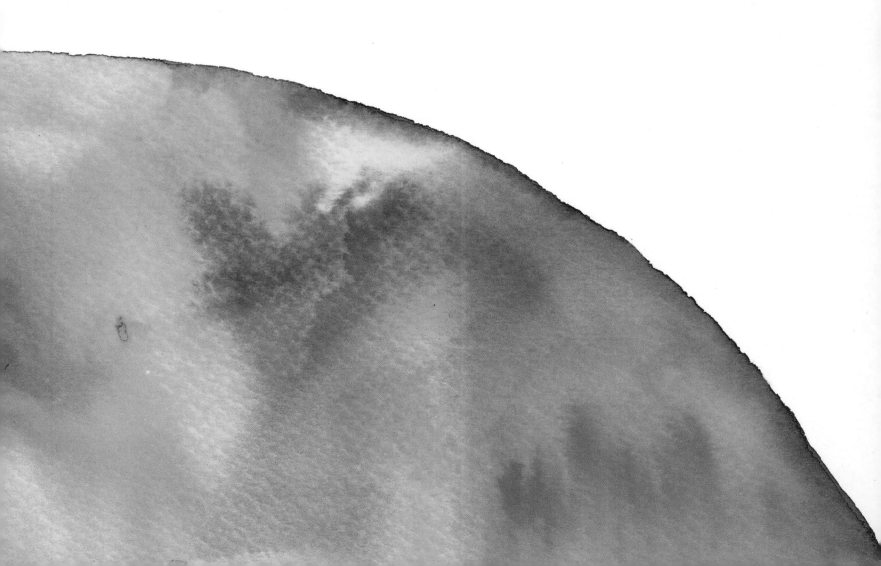

La Tierra

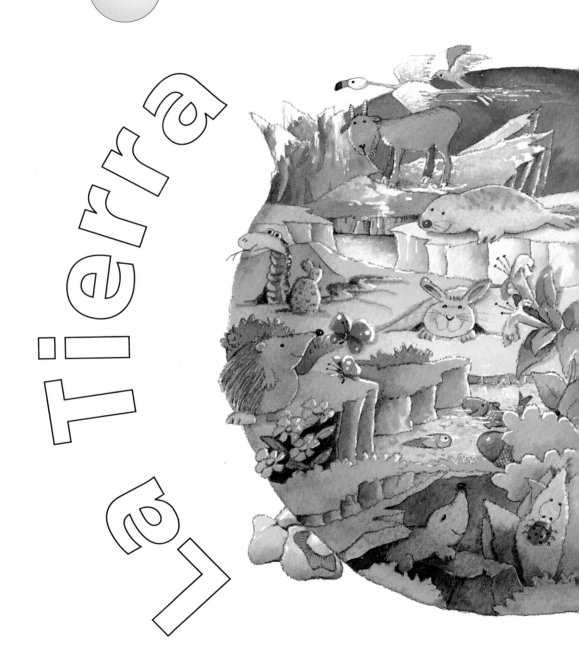

Los huéspedes de un árbol

En medio del campo hay un árbol inmenso.
Si lo miras de muy cerca verás que el árbol
no está solo, es como una casa donde vive
mucha gente. Si estropeáramos el suelo con la
contaminación, el árbol se moriría y, por lo tanto,
también desaparecería la larva del escarabajo que
come la madera y el pájaro ya no tendría
escarabajo para comer y el zorro...
¿Ves cómo se necesitan unos a otros?

Los socios de las plantas

Fíjate cuanta vida hay bajo la tierra! Estos pequeños habitantes, algunos tan minúsculos que no los puedes ver a simple vista, son los "recicladores": se encargan de deshacer los restos de animales y vegetales que caen al suelo. Por ejemplo una hoja: la despedazan, la desmenuzan, la mastican... hasta que la convierten en un polvo muy fino. Cuando llueve, este polvo se mezcla con el agua, de modo que las plantas lo pueden chupar: ¡así es como comen ellas!

Un planeta cambiante

¿Qué haría un oso polar en medio de un desierto de arena? Con su abrigo de piel, ¡ se moriría de calor! En la Tierra podemos encontrar lugares muy diferentes según que haga frío o no, que llueva o no, que haga mucho sol o no, que haga… viento. El tiempo que se da siempre en un lugar se llama clima, y son tan variados que podemos dividir nuestro planeta en distintas zonas, cada una con un clima y un grupo de plantas y animales muy especiales. ¿Te gustaría saber como son?

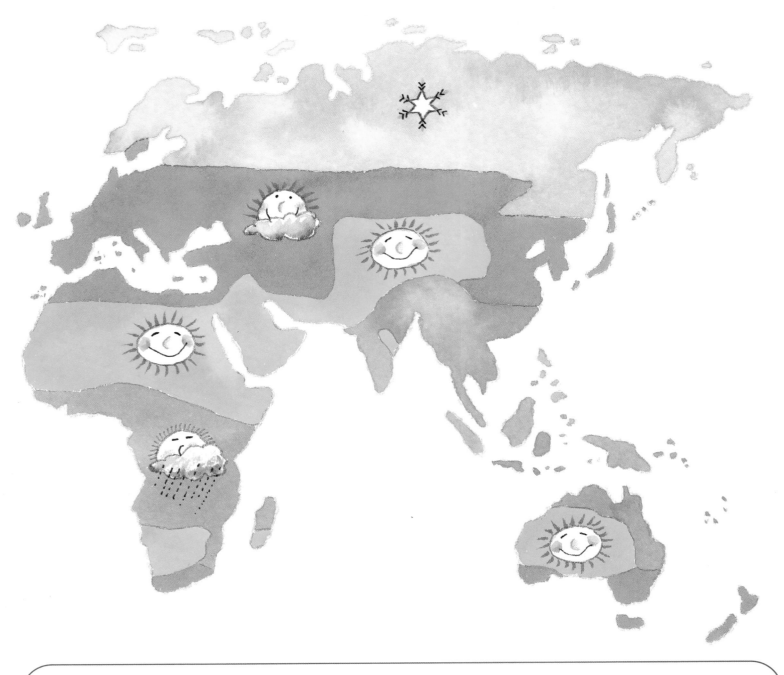

 MUY SECO

 TROPICAL

 TEMPLADO

 FRÍO

Un mundo siempre helado

La mayor parte del polo norte consiste en una capa de hielo que flota sobre el mar. Aquí no puede crecer ninguna planta y el único animal terrestre que encontramos es el oso polar, que sobrevive comiendo pescado y, si puede, focas: espera cerca de los hoyos que hacen las focas para respirar y ¡lo intenta! El polo sur es muy diferente. Aquí, bajo el hielo, sí que hay tierra: un gran continente llamado Antártida, con montañas, valles y volcanes. En esta tierra hace tanto frío que casi no puede crecer nada, ni tan siquiera en verano.

En la costa viven los pingüinos y algunos pájaros que vienen a pasar el verano. ¡En el mar hay más habitantes!

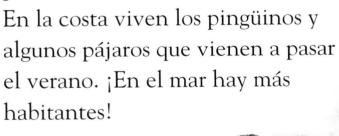

El hielo bajo el Sol

Muy cerca del hielo flotante del norte existe una tierra donde hace muchísimo frío, tanto que en invierno sólo pueden vivir pocos animales. Algunos, como el zorro y la liebre ártica, cambian el color de su piel según la estación del año. En verano la tienen oscura; en invierno blanca: de este modo, ¡cuesta mucho verlos entre la nieve! En verano el hielo y la nieve se funden y todo se llena de vida: las lagunas formadas por el deshielo se llenan de insectos que salen de los huevos, los pájaros vienen a comérselos, los renos y otros hervíboros acuden en busca de las pequeñas plantas que crecen de debajo del hielo y, detrás, vienen los depredadores.

Árboles siempre verdes

Y si viajas más hacia el sur, verás grandes extensiones de bosques de unos árboles muy altos y resistentes a las nevadas. Tienen las hojas en forma de agujas, que soportan muy bien el frío, y semillas dentro de piñas de madera. ¡Estos árboles están verdes todo el año! En invierno la mayor parte de animales se van hacia lugares donde no haga tanto frío, o bien se pasan el invierno dentro de madrigueras, hibernando hasta que llegue la primavera: es como si estuviesen durmiendo, pero sin tener que comer durante días.

Árboles que pierden las hojas

Otros bosques cambian mucho de color y de aspecto a lo largo de las estaciones, ya que están formados por árboles que pierden las hojas en invierno.
En otoño, las hojas pasan del verde al amarillo o al rojo... pero finalmente caen cubriendo el suelo del bosque. Durante la primavera, los árboles rebrotan y el suelo se llena de flores de distintos colores.
Escondidos entre los árboles viven un montón de animales, atareados en verano buscando alimentos que almacenan dentro de sus madrigueras, disimuladas en la tierra o entre la vegetación.
La mayoría de ellos ¡pasará el invierno en estos bosques!

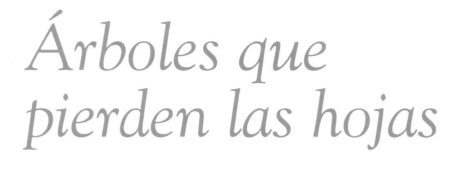

La vida en las ramas

Sin duda has llegado al lugar donde hay más diversidad del planeta. Las selvas crecen en zonas donde siempre hace calor, llueve con frecuencia y hay mucha luz. Hay tanta vegetación y tantos animales ¡que aún no se conocen todos! Algunos son de colores discretos para camuflarse, otros tienen colores chillones que sirven para advertirnos de que son peligrosos, como algunas ranas venenosas. Hay tantos árboles, lianas y arbustos que el suelo apenas está iluminado; por eso algunas plantas crecen encima de los árboles, aprovechando cualquier rincón como si fuese un tiesto: ¡sin luz se morirían!

Hierbas y matorrales

Llegamos a una gran extensión de terreno llano sin árboles, donde llueve tan poco que sólo pueden crecer algunas hierbas. En muchas zonas del mundo nos encontramos un paisaje como éste. ¿No te gustaría verlo desde una avioneta? Si te fijas en los animales que viven en estos lugares puedes saber en qué parte del mundo estás. Si hay un canguro significa que estás en Australia. Tanto el canguro como el koala tienen una bolsa donde crían su cachorro: dentro de la bolsa el pequeño se amamanta enganchado al pezón de la madre. Hasta que se haga mayor, ¡estará bien protegido aquí dentro!

Manadas en movimiento

Seguro que ya conoces muchos de estos animales. Son los habitantes de la sabana africana, la llanura con hierba más conocida de todas. Aquí puedes observar grandes rebaños de animales comiendo hierba tranquilamente. No muy lejos, siempre al acecho, están los grandes cazadores, como los

leones, los guepardos, las hienas... y la patrulla de limpieza,
formada por los buitres. Pero no todos son tan grandes:
¿Ves esos montículos? Son las casas de las termitas, unos
insectos muy pequeños pero muy buenos constructores...
y muy apetitosos para el oso hormiguero, ¡que se los come!

Lugares en que nunca llueve

Puede pasar un año o más sin llover y, durante el día, hace un calor insoportable. En estas condiciones parece imposible que pueda crecer nada. Sin embargo, los habitantes del desierto se han inventado formas muy imaginativas para sobrevivir sin lluvia: los dromedarios tienen la joroba llena de grasa que se va

convirtiendo en agua a medida que la necesitan; los cactus son
como botas de agua; la serpiente de cascabel cornuda se
desplaza tocando lo menos posible la arena; como
si avanzara de "puntillas", la rata topo se pasa
el día bajo tierra... ¡y hay muchos más!

¿Les gusta el agua a las aves?

¡Qué montón de aves
viajeras! En estos rincones llenos de
agua, los pájaros encuentran comida y
lugares seguros para dormir: es un sitio muy
agradable para venir a pasar el invierno o para descansar
unos días en medio de un largo viaje. En primavera se llena de aves
que vienen a hacer su nido: de los huevos salen un montón de pollitos
que tienen que aprender a comer y a volar solos antes de que llegue
el frío. También a ellos les cuesta hacer cosas nuevas. Escondidos entre
las cañas y dentro del agua viven serpientes, tritones, peces, insectos...
¿No te gustaría conocerlos a todos?

Allí arriba: en la montaña

Los animales y las plantas que viven en alta montaña deben soportar mucho frío, vientos fortísimos, nieve... Aquí, como ocurre en los polos, la mayor parte de los animales también tienen que cambiar de casa según la época del año: en invierno bajan hacia el valle y en verano vuelven a subir a las cimas. Sin embargo, las plantas no se pueden marchar: deben ser capaces de aguantar el frío durante todo el invierno, y la nieve y el hielo. ¡Han de ser muy fuertes! Los animales que se quedan a pasar el invierno aquí arriba también deben estar preparados: o bien tienen una piel que les abriga o bien pasan todo el invierno hibernando dentro de sus madrigueras, como la lagartija y la salamandra.

Los habitantes más discretos de casa

¿Alguna vez te has encontrado algún bichito en tu casa? Casi seguro que sí, incluso si vives en una gran ciudad. En todos los pueblos y ciudades hay pequeños animales y plantas que se han acostumbrado a vivir en ellos. Aprovechan cualquier rincón dentro y fuera de la casa para vivir: en el techo, en el lavabo, en los armarios de la cocina, dentro de la madera... Aunque sea difícil verlos, siempre hay alguno. ¿O acaso nunca te ha visitado una mosca? Empieza a buscar por los rincones de tu casa. ¿Cuántos encuentras?

Todos compartimos la casa

Cierra los ojos e imagina lo que están
haciendo en este preciso instante todos
los animales y vegetales que has visto
a lo largo de este pequeño viaje.
En cualquier momento, aunque estén
muy lejos de ti, son tus compañeros
de planeta: sin ellos nuestra vida en
la Tierra, tal como la conocemos,
sería imposible!

Curiosidades

¿Qué comen los seres vivos?

Ya sabes que, para estar sano o sana y hacerte mayor, necesitas comer.
¡Pero no todos lo hacen igual que tú!
Las plantas se alimentan cogiendo sustancias disueltas en el agua: esto quiere decir que chupan del suelo substancias disueltas en el agua, como cuando añades azúcar. La luz del Sol y este líquido son la comida de los vegetales.
Los animales no pueden vivir de la tierra y la luz del Sol. Unos comen hierbas: se llaman herbívoros. Otros se comen a otros animales: se denominan carnívoros.
Y otros, igual que tu, comen un poco de todo: son los omnívoros. Aquí puedes ver ¡quién se come a quién!

Pasar desapercibido o llamar la atención

¿Qué le pasaría a una liebre marrón oscuro en medio de un campo lleno de nieve? Desde muy lejos la podría ver todo el mundo. Los animales que se la comen, también! Le sería muy difícil esconderse de sus cazadores. Por eso muchos animales poseen colores parecidos a los lugares donde viven: para que sea difícil verlos. Esto se denomina camuflaje. Los cazadores también se camuflan para poder acercarse a la presa sin ser vistos, ¡como esta boa!

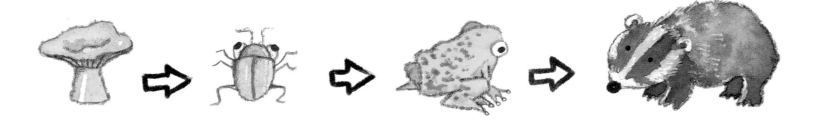

Animales viajeros

Muchos animales viven en sitios distintos según la época del año. En invierno, si hace mucho frío, viajan hacia zonas más cálidas, aunque tengan que recorrer muchos kilómetros. En otros casos deben viajar para buscar agua: es lo que ocurre en la sabana africana: los animales viajan en busca de hierba, que crece allí donde sea la época de lluvias. Y como los cazadores van detrás, todos cambian de residencia.

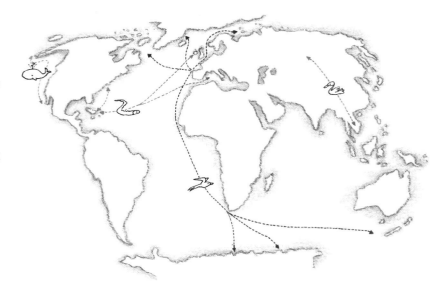

Los castores: los grandes constructores

Los castores son unos increíbles constructores: antes que nada, hacen una presa en el río utilizando troncos. Al lado de la pequeña laguna que se forma, construyen una cabaña que consta de troncos, barro y piedras. La entrada a la cabaña la hacen por debajo del agua, de modo que no puedan entrar sus enemigos durante su descanso invernal. Para poder pasar el invierno sin salir de aquí, conservan ramas verdes bajo el agua: las clavan en el fondo y, cuando las necesitan, vuelven a buscarlas: ¡es su comida de invierno!

¿Cómo se llaman?

GUSANO

ESCARABAJO

TOPO

MORSA

LEMING

ROBLE

CHARRÁN ÁRTICO

BUEY ALMIZCLERO

PINO

OSO HORMIGUERO

ESCORPIÓN

FLAMENCO

AMANTIS

BUITRE

LINCE

ÁGUILA

CHUMBERA

SALTAMONTES

ABUBILLA

LIBÉLULA

CAMALEÓN

HELECHO

TRITÓN

ORNITORRINCO

LAGARTIJA BARBUDA

LA CIENCIA NOS HABLA DE...

La Tierra

Autora:
Núria Roca

Ilustraciones:
Rosa M. Curto

Diseño y maquetación:
Gemser Publications, S.L.

© Gemser Publications, S.L. 2002
El Castell, 38
08329 Teià (Barcelona, España)
www.mercedesros.com
e-mail: info@mercedesros.com

© de esta edición: edebé 2005
Paseo de San Juan Bosco, 62
08017 Barcelona
www.edebe.com

Segunda edición,
Junio 2008

ISBN 84-236-7755-9

Printed in China

Títulos publicados de esta colección:

- EL UNIVERSO
- LA TIERRA
- EL CLIMA
- EL MAR

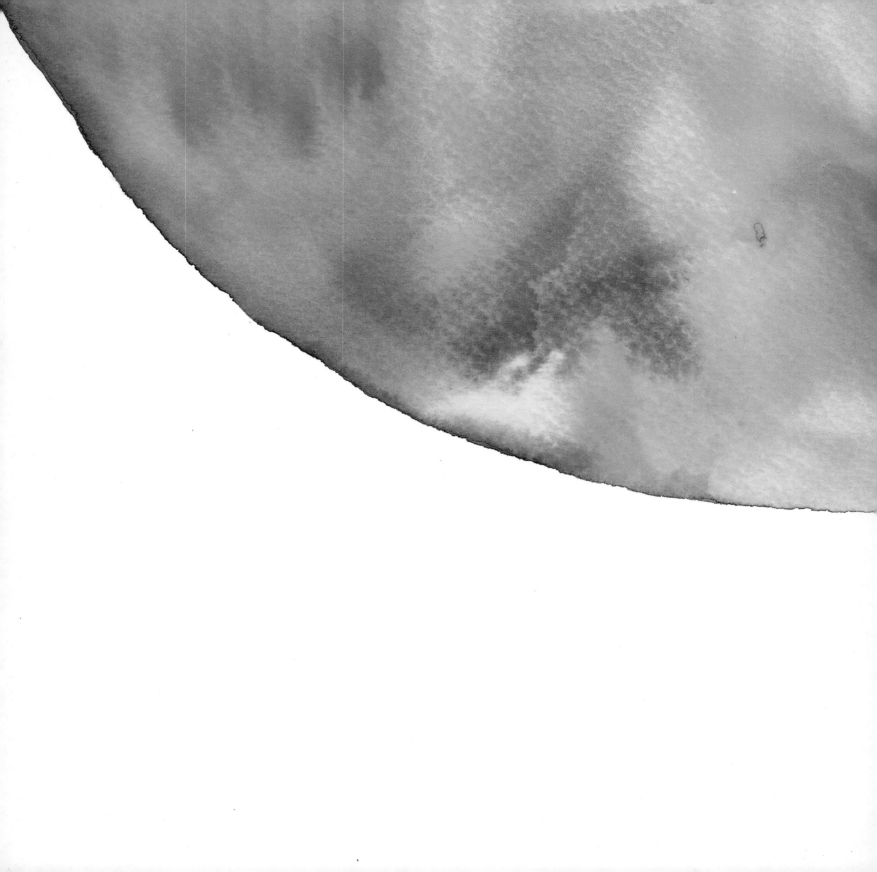